MON HISTOIRE du soir

L'histoire du film

hachette
JEUNESSE

Rémy est un petit rat qui a un grand rêve :
devenir cuisinier, comme le chef Gusteau !

Rémy connaît tout de son idole.
Avant, son restaurant avait trois étoiles,
ce qui le distinguait parmi
les meilleurs établissements de Paris.
Mais Gusteau a perdu une étoile,
et peu de temps après, il est mort.

Pendant ce temps, dans le restaurant,
Linguini se présente à Skinner, le nouveau chef.

La mère de Linguini était le premier amour
de Gusteau, et le cuisinier lui avait
promis d'aider son fils.
– Tu t'occuperas du ménage ! aboie Skinner
en accueillant le jeune homme.

En nettoyant la cuisine, Linguini le maladroit
renverse une marmite de soupe !
Pour rattraper sa bêtise, il jette
de nouveaux ingrédients dans la marmite.

Caché dans un coin, Rémy observe la scène.
Linguini ne sait vraiment pas s'y prendre !
Alors, le petit rat intervient et prépare une soupe
selon une recette de Gusteau.

Linguini laisse faire Rémy :
il semble s'y connaître en cuisine !
La soupe plaît aux clients, ce qui réjouit
Colette, une des cuisinières.
Jaloux, Skinner ordonne à Linguini
de refaire de la soupe !

Le jeune homme panique, mais Rémy a une idée : il se cache dans ses manches pour guider ses gestes. Le duo prépare à nouveau une délicieuse soupe ! C'est ainsi que Rémy devient le complice de Linguini en cuisine.

Un soir, en se promenant dans le bureau
de Gusteau, le petit rat découvre une lettre
qui révèle que Linguini est le fils caché du chef.

Le jeune homme est donc l'héritier du restaurant !
Suite à cette révélation, Linguini change.
Le succès lui monte tellement à la tête,
qu'il néglige tous ses amis, y compris Rémy.

Linguini réalise qu'il a eu tort quand Ego, le critique gastronomique, vient tester le restaurant.
Il a besoin de Rémy pour l'éblouir !
Pour se faire pardonner, il révèle alors l'existence du petit rat :
– Le véritable chef ici, c'est lui ! s'écrie-t-il.

Les cuisiniers pensent que Linguini est fou !
Tous rendent leur tablier, sauf Colette.

Heureusement, Rémy a une solution
pour remplacer les cuisiniers :
il appelle ses amis rats à la rescousse
qui lui préparent... une ratatouille !

Ego est conquis. Il félicite Linguini.
– Je ne suis pas seul, réplique le jeune homme.
Voici Rémy, l'auteur de la ratatouille.
– Très étonnant... Comme je me suis régalé,
je vous accorde une troisième étoile !
Le rêve de Rémy s'est réalisé : il est désormais chef
aux côtés de Linguini et de Colette !

Près de 100 histoires
pour s'endormir en douceur.

Adaptation : Emmanuelle Caussé.
Mise en page : Camille Martine.

Édité par Hachette Livre : 58, rue Jean Bleuzen – 92178 Vanves Cedex
Imprimé par Macrolibros en Espagne – Achevé d'imprimer : novembre 2019 – ISBN : 978-2-01-626008-1 – Édition 11 – Dépôt légal : avril 2017.
Loi n° 49-956 du 16 juillet 1949 sur les publications destinées à la jeunesse.

Pour tout renseignement concernant nos parutions, nous contacter par téléphone au 01 43 92 38 88 ou par e-mail : disney@hachette-livre.fr

Pour l'éditeur, le principe est d'utiliser des papiers composés de fibres naturelles, renouvelables, recyclables et fabriquées à partir de bois issus de forêts qui adoptent un système d'aménagement durable. En outre, l'éditeur attend de ses fournisseurs de papier qu'ils s'inscrivent dans une démarche de certification environnementale reconnue.